DISCOURS

PRONONCÉ AU MARIAGE

DE

M. Adolphe SALLES et de Mlle Claire EIFFEL

A L'ÉGLISE SAINT-FRANÇOIS-DE-SALES

Le 26 Février 1885

PAR

Le Père DIDON

PARIS

IMPRIMERIE DE A. QUANTIN

7, RUE SAINT-BENOIT

1885

LE
MARIAGE CHRÉTIEN

DISCOURS

PRONONCÉ AU MARIAGE

DE

M. Adolphe SALLES et de Mlle Claire EIFFEL

A L'ÉGLISE SAINT-FRANÇOIS-DE-SALES

Le 26 Février 1885

PAR

LE PÈRE DIDON

PARIS

IMPRIMERIE DE A. QUANTIN

7, RUE SAINT-BENOIT

1885

LE MARIAGE CHRÉTIEN

MES AMIS,

’AME de l’homme s’éveille peu à peu ; elle a, comme la terre, des saisons, et les germes divins dont elle est ensemencée y lèvent, à l’heure marquée, sous le soleil de Dieu.

D’abord, la raison curieuse s’agite, puis, la conscience s’ouvre, et plus tard le cœur s’ébranle. La conscience vit de devoir, la raison de vérité, le cœur d’affection.

Un moment vient où la cordialité des amis, la mâle tendresse du père, et même l’amour débordant de la mère ne nous suffisent plus. L’homme jeune cherche une compagne semblable à lui, qui l’aide à accomplir

sa tâche et partage sa destinée ; la jeune fille, vaguement
inquiète, attend celui qui devra lui prêter la force de son
bras et pour lequel elle réserve le trésor d'affection dont
Dieu a enrichi la nature de la femme. Dans cette phase
de la vie, qui n'est pas sans lutte, sans orage et sans
tourment, que d'illusions et de mécomptes ! que d'aspirations vaines, et souvent que d'espérances trompées ou
blessées !

Heureux les privilégiés comme vous, qui trouvent ce
qu'ils cherchent, et reçoivent ce qu'ils attendent ! C'est
alors qu'au milieu des affections qui animent et emplis-
sent le cœur humain, en surgit une nouvelle d'un carac-
tère unique, particulièrement doux, puissant, austère. Je
veux parler de celle qui attire l'homme et la femme dans
la communion d'une même vie, fonde les familles, et
propage sur cette terre, avec le sang de nos veines, les
énergies et les vertus de l'âme.

Vous touchez à cette heure émouvante et décisive,
et vous avez désiré que je fusse le témoin ami de vos
serments d'éternelle fidélité.

Permettez au prêtre de vous retenir un instant sur le
seuil de la terre promise à vos rêves, et laissez à sa foi
la douce fierté de vous peindre l'idéal surhumain du
mariage tel que Dieu, à l'origine, l'a institué, tel que le
Christ l'a rétabli, tel que l'Église catholique le garde
à l'encontre des passions et des lâchetés d'une génération

qui perd avec le sens de Dieu la conscience et la force
du devoir.

L'union matrimoniale doit être universelle et sans
limites, car elle embrasse tout : le corps et l'âme, les
sentiments et les pensées, la conscience et la foi. Elle
pénètre jusqu'au moi, jusqu'à la personnalité, et elle
fait de deux êtres libres et conscients, de deux per-
sonnes, les éléments d'une seule vie dans laquelle tout,
désormais, sera commun. Ils auront, ces deux êtres,
le même toit, le même foyer, la même table et le
même pain, les mêmes joies, les mêmes peines, les
mêmes espérances, les mêmes épreuves, — et par-dessus
tout encore, les mêmes adorations, la même prière,
le même Christ et le même Dieu.

Un tel idéal nous permet d'entrevoir quelque chose de
l'éternel amour; mais, il faut bien le dire, toujours ina-
chevé en ce monde, il ne se réalise qu'au delà de la vie.

Le mariage, ici-bas, y aspire; et même béni par Dieu,
son suprême honneur est seulement d'y aspirer sans
trêve. Je le définirais volontiers, non l'union totale, mais
un élan vers l'union totale.

Chose étrange, cette union éminemment spontanée
et libre dans son principe, devient obligatoire en se
nouant. On perd, on se retranche la liberté de ne plus
s'aimer. L'amour, qui était un attrait, devient un devoir,
une vertu. Comme si on se défiait de lui, il est mis sous
la garde sévère de la conscience, ce qu'il y a de plus

incorruptible en nous, puisque la conscience est le point par où Dieu nous saisit.

Les cœurs et les vies s'enchaînent par un contrat, par une promesse, un serment; et ils s'enchaînent pour toujours. Le lien est indissoluble. Nulle puissance ne peut le briser, si les deux êtres unis le veulent : ni le temps qui use tout, ni l'épreuve qui lasse tout, rien, si ce n'est la mort. Et même la mort, ici, peut être vaincue, car elle divise les corps, mais elle ne saurait toucher aux âmes; elle sépare les vies terrestres, mais elle n'a pas prise sur la vie éternelle, puisqu'elle en ouvre les portes. Qu'elle creuse ses tombes, l'impitoyable! et qu'elle y couche un des époux, elle le peut; mais la tombe ne reçoit et ne garde que des cendres; or l'amour réchauffe les cendres, et on l'a vu souvent, épuré, sortir des étreintes de la mort avec une garantie suprême d'immortalité.

Ainsi, comme il a voulu que le mariage fût l'union totale, Dieu a voulu qu'il fût l'union indissoluble. Et d'ailleurs, en pourrait-il être autrement?

Où prend naissance cette union sainte? Au plus profond du cœur. Or, telle est la nature de l'amour, au sens le plus parfait, qu'il est total, absolu, sans bornes et sans réserve, ou qu'il n'est pas. Quand on aime, ce n'est pas pour un temps, ce n'est pas pour la vie, c'est pour l'éternité.

En nous imposant le mariage indissoluble, le Christ

n'a fait qu'interpréter la voix même de la conscience et du cœur et consacrer par son autorité divine la sublimité de leurs aspirations.

Si du moins l'on s'aimait toujours, l'indissolubilité ne serait jamais un joug, une chaîne, elle serait une joie et un besoin.

Mais le cœur de l'homme est inconstant, ses affections peuvent s'attiédir et mourir.

Que de foyers pétillants d'abord et embrasés se sont éteints sous la cendre! — Pourquoi? — L'amour était mort. — Qui l'avait tué? — Le plus souvent la faim : il était mort d'inanition. Et puis, il avait succombé sous cette loi fatale qui condamne à mourir tout ce qui est terrestre et sensible, tout ce qui vit de poussière, de vanité, de mensonge.

Si vous voulez, mes enfants, que votre union soit grandissante et indissoluble, prenez garde à l'affection qui l'a créée : épurez-la, raffermissez-la, nourrissez-la du froment d'immortalité.

L'affection vaut selon l'objet qui la captive. Toujours conforme à lui, elle devient tour à tour avec lui, légère ou grave, éphémère ou solide, basse ou sublime, égoïste ou généreuse, molle ou indomptable, païenne ou chrétienne, humaine ou divine.

Je sais de quelle trempe est la vôtre.

Elle n'est point née d'un caprice, d'un attrait superficiel, d'un mouvement de jeunesse, d'une passion mondaine ou frivole. Elle n'a pas eu besoin d'être soutenue par les calculs de l'intérêt. Bien qu'elle ait fleuri tout d'un coup, au premier regard et à la première rencontre, elle vient de l'âme et elle cherche l'âme.

Vous avez compris d'instinct que la jeunesse et la beauté n'ont qu'une heure comme le printemps, que la matière n'est qu'une illusion, que l'intérêt est variable ; et vous avez cherché en vous, l'un et l'autre, ce qui ne passe pas : l'âme, la conscience, la vertu, Dieu même. Vos âmes, en s'entrevoyant, se sont reconnues, comme les deux moitiés, un moment séparées, d'un même être qui déjà existait en Dieu. Vos consciences ont parlé une même langue d'honneur et de devoir ; vous avez senti que vous vouliez, tous les deux, le même Idéal et que vous étiez en adoration devant le même Dieu. Et, je le dis à la face du Christ que je représente, vous vous êtes aimés.

Tel est l'amour qui préside aux unions indissolubles. Ceux qui ne le connaissent pas, ceux qu'un attrait fragile entraîne, ne s'aiment qu'une heure. N'aimer qu'une heure, est-ce donc aimer ? Non. L'infini et l'éternité sont de l'essence même de tout ce qui sort du cœur.

Mais les grandes affections veulent être nourries, car elles veulent grandir.

Je vais vous dire de quoi elles vivent, en vous apprenant vos meilleurs devoirs.

Leur aliment n'a rien de vulgaire, rien de matériel, de trop sensible ou d'intéressé. Que les instincts et les passions se nourrissent de la terre, cela doit être, puisqu'ils sont nés dans la terre; mais l'amour qui vient de l'âme, et qui a les proportions de l'éternité et de l'infini, ne peut vivre que de vertu et de sacrifice, c'est-à-dire de Dieu.

Pourquoi de vertu? Parce que la vertu est la beauté de l'âme, son rayonnement divin, et qu'il n'y a pas d'affection possible sans beauté. On n'aime que ce qui attire, et on n'est attiré que par ce qui est bon et beau. Et comme il y a une beauté, un rayonnement matériels, il y a aussi une beauté, un rayonnement spirituels. Mais les premiers se fanent et pâlissent : ils s'éclipsent avec nos vingt ans; les autres peuvent défier le déclin.

C'est merveille de voir l'âme grandir en vertu. La douceur, la bonté, la prudence, l'énergie, la tendresse, le dévouement n'ont rien à craindre du temps. Les années ne les usent pas, elles les raffermissent. Les années creusent des rides sur le front, mais chacune de ces rides devient, par la vertu, un sillon de lumière. Peu à peu l'auréole se fait, et rien n'est séduisant comme cette clarté divine qui ceint la tête du père et de la mère, alors que leur jeunesse est tombée.

Ce rayonnement sans déclin appelle l'affection sans limites.

L'âme toujours plus belle inspire une admiration

toujours plus douce, car l'âme est sans fond, lorsqu'elle reste unie à Dieu par la vertu. Comme les lacs tranquilles de la montagne, elle reflète tout le ciel dans ses eaux pures, et, en les regardant, on aperçoit les étoiles et l'espace immense, vraie image de l'Infini.

Lorsque l'affection se refroidit, s'allanguit et meurt, c'est un signe que les âmes ont manqué de vertu. Elles ont vieilli, elles se sont usées. La source qui alimentait les eaux limpides du lac s'est tarie, et dans le fond desséché il n'y a plus eu le moindre reflet du ciel et de Dieu. L'amour est parti avec ce reflet divin.

Mais, en ce monde, la vertu ne va pas sans sacrifice, et les grandes affections ne vivent que sacrifiées et immolées.

L'amour est comme Dieu : il veut des holocaustes.

Tout ce qui aime s'oublie, se dévoue, se sacrifie, s'immole et meurt. En parlant ainsi, je ne songe pas à l'amour qui est une passion, je regarde celui qui est une vertu. La passion est égoïste : elle dévore, ne sait pas s'oublier, se dévouer et mourir; mais la vertu est désintéressée : elle ne dévore qu'elle-même et elle ne vit qu'en mourant.

Telle devra être, et telle sera, j'en suis sûr, la loi maîtresse de cette société intime où vous allez vivre désormais. Si elle règne pleinement entre vous, si vous

vivez l'un pour l'autre, rivalisant d'abnégation, d'oubli
de vous-même et de dévouement, votre union sera
plus que ferme, plus qu'indéfectible, elle sera d'une douceur infinie. Le sacrifice a ses austérités, ses duretés ;
mais elles ne sont que de surface. Il garde en réserve des
suavités et des charmes que comprennent seuls les cœurs
vaillants qui en vivent.

Vous ne connaîtrez point les oppositions de carac-
tère, le sacrifice les harmonise ; les chocs de l'égoïsme :
le sacrifice les prévient ; les divergences prolongées des
idées et des sentiments qui amènent peu à peu l'incom-
patibilité d'humeur : le sacrifice les atténue ou les efface.
Vous résisterez aux coups de l'épreuve : le sacrifice les
pare en nous donnant la trempe de l'acier et la dureté
du diamant ; vous défierez la lassitude, la vieillesse du
cœur : le sacrifice est un cordial énergique, un breuvage
d'immortalité qui l'arrache à la maladie et à la décré-
pitude.

Mais, où trouver la force du sacrifice perpétuel ? Je
vous tromperais, si je vous laissais croire qu'elle est dans
votre propre cœur et dans votre seule volonté.

Non, si ardent que soit le cœur de l'homme, il a ses
tiédeurs ; si résolue que soit notre volonté, elle a ses
accablements. Livrés à nous-mêmes, nous ployons sous
un poids irrésistible ; et, bon gré mal gré, nous retom-
bons sur nous, lassés, impuissants, attristés. Je ne crois
à rien de durable et d'éternel en dehors de Dieu, et

pour que le sacrifice nous trouve toujours prêts, toujours debout, il faut que Dieu nous en donne, à toute heure, l'inspiration et la joie; il faut que l'Esprit vivant du Christ, le premier des sacrifiés, nous y pousse d'un élan sans trêve; il faut que le cœur soit soutenu par la Religion et par la Foi, et que l'amour humain plonge ses racines dans l'amour divin.

La loi est sans exception. Quand il n'y a plus de divin dans l'homme et dans la femme, ils peuvent rêver encore l'union totale et indissoluble : ils ne peuvent plus la tenir. Les apparences ne trompent pas longtemps ces imprudents qui osent se promettre l'éternité sans Dieu. A peine unis, ils voient leur lune de miel se décolorer et, plus tard, alors même que la rupture n'est pas consacrée, la rupture existe dans la conscience et dans le cœur, car l'amour est mort.

C'est ainsi que, par la vertu et le sacrifice, Dieu reste le gage de l'union conjugale, et le Christ le forgeur divin des chaînes qui ne se rompent pas.

Je n'ai pas voulu, dans cette peinture, voiler à vos yeux la beauté du mariage chrétien ni en atténuer les graves obligations. Je vous estime trop l'un et l'autre pour vous ranger parmi ceux auxquels il convient de ménager la lumière parce qu'ils sont incapables de la comprendre, et d'adoucir le devoir parce qu'ils n'ont pas la générosité de l'accomplir. Vous êtes de ceux que l'Idéal élève, et la Foi vous a appris que si l'homme le plus stoïque hésite et recule devant certaines tâches héroïques, le chrétien aidé de Dieu affronte vaillamment tous les sacrifices.

D'ailleurs, en vous parlant comme je l'ai fait, n'avais-je pas, pour m'inspirer, tout près de vous, sous mes yeux, des exemples vivants, et si ma voix a eu quelque persuasion, combien ces exemples ne sont-ils pas encore plus éloquents?

Regardez, mon ami, le foyer de votre fiancée. Hélas! la mort l'a traversé; mais, foudroyé par elle, il demeure un type de ces unions que rien ne brise, pas même la mort. Le père, resté seul, indomptable au travail, vous montre où l'on peut s'élever, lorsque Dieu entrelace dans une vie d'homme l'énergie, l'intelligence et l'honneur.

Et vous, mon enfant, vous avez compris — ce qui révèle votre clairvoyance — que celui auquel vous donnez votre main était digne de marcher sur ces fières traces. Il est de la race des laborieux que l'activité ne lasse pas et des cœurs vifs et bons que la tendresse enchaîne, comme vous êtes de la race des âmes douces et fortes qui règnent par la sagesse et l'oubli de soi. Moi qui le connais depuis de longues années et qui ai entendu les battements de son cœur, je me plais — sans ménager sa modestie — à vous donner cette assurance.

En entrant dans la famille de votre fiancé, vous y trouverez tout ce dont votre cœur est digne : un second foyer, un de ces foyers chrétiens devenus trop rares, où le temps et les années n'ont fait qu'attiser la flamme, où l'union est pleine, le dévouement sans mesure, le travail béni par la vertu, la sagesse égale à la générosité.

Vous saviez déjà, par votre mère et par celle qui a veillé sur vous avec un cœur maternel, quand la mort vous eut pris la première, vous saviez quelle place la femme tient dans la famille; vous le saurez une fois de plus, en regardant la mère de votre mari. Instruite par de tels exemples, vous n'oublierez jamais que, dans cette loi du sacrifice qui est l'honneur du mariage, la première, la grande part revient à la femme, à l'épouse, à la mère surtout.

Et maintenant, mes enfants, allez l'un et l'autre, la main dans la main, vers cet Idéal que j'entrevois au-dessus de vous, dans votre ciel, comme une étoile. Qu'il éclaire vos pas. Que ses rayons dorent votre foyer. Que vos espérances soient bénies. Que l'épreuve — l'inévitable épreuve — vous grandisse. Que Dieu, après vous avoir unis, reste votre trait d'union. Ceux que Dieu garde, me répétait toujours ma mère, sont bien gardés.